Grands Présidents I numéro 8

THEODORE ROOSEVELT
ET LA LUTTE CONTRE LA CORRUPTION

Un président au service
de l'impérialisme
américain

par Jérémy Rocteur

50MINUTES

Avec la collaboration de Pierre Frankignoulle

THEODORE ROOSEVELT — 5

Carte d'identité

Introduction

BIOGRAPHIE — 7

Un jeune homme frêle au destin incroyable

Une lutte contre la corruption

CONTEXTE POLITIQUE, ÉCONOMIQUE ET SOCIAL — 11

Une économie en croissance

Une ouverture vers l'étranger

Une population en colère

TEMPS FORTS — 16

La défense des droits des travailleurs

La régulation des trusts

La régulation des chemins de fer

Les lois sanitaires et la protection de la nature

Une place grandissante sur la scène internationale

Le prix Nobel de la paix

La campagne présidentielle de 1912

RÉPERCUSSIONS — 23

Une amélioration de la qualité de vie

Un renforcement de la fonction présidentielle

Une politique intérieure progressiste ?

Une affirmation des États-Unis sur la scène mondiale

EN RÉSUMÉ — 26

POUR ALLER PLUS LOIN — 28

THEODORE ROOSEVELT

CARTE D'IDENTITÉ

- **Naissance ?** Le 27 octobre 1858 à New York
- **Mort ?** Le 6 janvier 1919 dans la même ville
- **Parti politique ?** Le Parti républicain
- **Date de l'élection ?**
  - Le 14 septembre 1901
  - Le 8 novembre 1904
- **Durée du mandat ?** Sept ans
- **Apports majeurs ?**
  - La mise en place d'un exécutif moderne
  - La régularisation des trusts
  - La loi sur les tarifs ferroviaires
  - La loi sur le contrôle des industries alimentaires et pharmaceutiques
  - Le rôle central de la *Navy* dans la diplomatie américaine
  - Le début de l'impérialisme bienveillant des États-Unis

INTRODUCTION

En 1901, alors âgé de 42 ans, Theodore Roosevelt devient le plus jeune président de toute l'histoire des États-Unis. Débordant d'énergie et maîtrisant l'art de la parole, il est un leader charismatique qui n'hésite pas à bouleverser les codes de la présidence. Contrairement à son prédécesseur, Theodore Roosevelt défend ses propres initiatives politiques, n'hésitant pas à prendre ses distances par rapport à l'idéologie de son parti. Il le fera plus encore davantage lors de son second mandat, qui sera l'un des plus prolifiques en matière de production législative dans l'histoire américaine.

Au cours de sa carrière, il transforme également la politique intérieure en multipliant les mesures qui s'inscrivent dans le mouvement du progressisme. Sur le plan international, il raffermit considérablement le rôle joué par son pays dans l'ordre mondial du XXe siècle naissant et contribue à l'affirmation de l'impérialisme américain.

Grand protecteur de la nature, héros de guerre et défenseur des classes laborieuses, il jouit aujourd'hui encore d'une grande popularité et est considéré comme l'un des plus importants résidents de la Maison-Blanche : en atteste la présence de son effigie aux côtés de George Washington (1732-1799), de Thomas Jefferson (1743-1826) et d'Abraham Lincoln (1809-1865) sur le mont Rushmore. Mais, si sa renommée reste intacte, c'est également dû à son parcours hors du commun.

BIOGRAPHIE

UN JEUNE HOMME FRÊLE AU DESTIN INCROYABLE

Theodore Roosevelt Junior naît le 27 octobre 1858 dans une famille aisée. Il est le deuxième enfant de Martha Bulloch (1835-1884), issue d'une riche lignée de politiciens, et de Theodore Roosevelt Senior (1831-1878), un homme influent proche du président alors en fonction, Abraham Lincoln. Depuis sa naissance, il est atteint de troubles congénitaux qui font de lui un enfant frêle. Des crises d'asthme l'obligeront à mener un dur combat pour sa santé tout au long de sa vie.

Malgré ce handicap, le jeune Theodore Roosevelt est un enfant dynamique et curieux qui se plonge dans la lecture de nombreux livres en tout genre. Ne pouvant suivre un enseignement normal en raison de sa santé fragile, il bénéficie des enseignements de professeurs particuliers.

À l'adolescence, souffrant toujours de sa fragilité, il décide de suivre un entraînement physique intensif et commence à pratiquer la boxe. Le sport lui permet de développer son corps et, peu à peu, il parvient à prendre le dessus sur ses crises d'asthme, dont la fréquence diminue.

En 1876, il entame des études de droit à Harvard et devient membre du Parti républicain. Si sa santé s'améliore, un médecin le met cependant en garde : il doit mener une vie tranquille et s'orienter vers une occupation sédentaire. Mais il n'en fera rien.

En 1880, il se marie avec Alice Hathaway Lee (1861-1884), rencontrée pendant son cursus universitaire, mais la jeune femme décède quatre ans plus tard des suites de son premier accouchement. Le sort s'acharne sur le jeune homme puisqu'il perd également sa mère ce jour-là. Parvenant difficilement à surmonter son deuil, il décide de partir dans le Dakota où il mène une vie de cow-boy, très formatrice. Pendant plusieurs mois, il traverse à cheval les plaines du territoire, construit un ranch et partage son temps entre la chasse et l'écriture. Ce mode de vie ne le quittera plus. C'est d'ailleurs à la tête des *Rough Riders*, le premier régiment de cavalerie volontaire de l'armée américaine qu'il a lui-même créé, qu'il participe à la guerre d'indépendance de Cuba en 1898.

De retour sur la côte Est en 1886, il épouse en secondes noces Edith Kermit Carow (1861-1948), qui lui donnera cinq enfants et avec laquelle il vivra jusqu'à sa mort.

UNE LUTTE CONTRE LA CORRUPTION

Bien que son origine familiale aurait pu lui garantir une ascension rapide dans sa carrière professionnelle, Theodore Roosevelt préfère commencer au bas de l'échelle et gravir les échelons un à un. Son intérêt pour la politique est tel qu'il décide d'arrêter ses études pour s'y consacrer pleinement. Grâce à ses efforts, il est élu à trois reprises au parlement de l'État de New York pour des mandats d'un an. Ce petit homme, plein d'entrain et volubile, s'impose rapidement comme le leader des jeunes réformateurs du parti.

Devenu président d'un comité spécial ayant pour mission d'enquêter au sein du gouvernement local et du comité de New York, il acquiert une certaine renommée auprès du grand public pour sa lutte contre la corruption. Il est assisté dans sa tâche par deux démocrates et deux républicains qui lui sont largement favorables. Aucun service n'est épargné : on parle de chantage et d'extorsion dans le bureau du substitut, de graves abus dans celui du shérif, d'achat du silence de policiers, etc. Les preuves sont tellement accablantes que la quasi-totalité de ses projets de loi visant à réguler la vie publique à New York sont acceptés.

Lors de la convention nationale du Parti républicain de Chicago en juin 1884, il n'hésite pas à suivre son instinct et à s'opposer à la Vielle Garde corrompue du parti qui cherche à imposer James Gillespie Blaine (homme politique américain, 1830-1893) comme candidat à l'élection présidentielle malgré les nombreux soupçons de corruption qui pèsent sur lui, préférant voter pour George Franklin Edmunds (homme politique américain, 1828-1819), même si celui-ci n'a aucune chance de l'emporter.

En 1889, il est nommé à la commission de recrutement des fonction-naires fédéraux, poste qu'il occupe jusqu'en 1895. Il préside ensuite pendant deux ans la commission de police de la ville de New York. En 1897, il est désigné par le président William McKinley (1843-1901) comme assistant du secrétaire adjoint de la Marine, où il officie jusqu'en 1898, année au cours de laquelle il part combattre à Cuba.

Auréolé de gloire, il devient à son retour gouverneur de l'État de New York et officie de 1898 à 1900. Vice-président en 1901, il succède à William McKinley à la mort de celui-ci. Il est élu pour un second mandat en 1904, avant de céder sa place à William Howard Taft (1857-1930) en 1909.

LE SAVIEZ-VOUS ?

En plus d'être un politicien reconnu, Theodore Roosevelt est également un écrivain prolifique, auteur d'une trentaine de livres. Cette passion s'exprime depuis sa plus tendre enfance, mais, avec l'âge, ses écrits se diversifient : les lettres laissent peu à peu place à des pamphlets, des poèmes, et des ouvrages historiques, entre autres. Son livre, *The Naval War of 1812* (1882), traitant de la puissance navale américaine naissante, remporte un succès considérable et devient rapidement un livre incontournable des deux côtés de l'Atlantique.

À l'issue de ses deux mandats, toujours attiré par l'aventure, il continue à voyager et part notamment en Afrique, en Asie et en Amérique
du Sud, où il organise des parties de chasse et collectionne les ani-
maux rares.

Il s'éteint le 6 janvier 1919.

CONTEXTE POLITIQUE, ÉCONOMIQUE ET SOCIAL

UNE ÉCONOMIE EN CROISSANCE

La fin du XIXe siècle et le début du XXe siècle sont marqués par un développement économique important. Grâce à la vapeur et à l'électricité, le rythme de production s'accélère considérablement et la plupart des secteurs connaissent une croissance exponentielle. Exploitant une main-d'œuvre bon marché, les industriels parviennent à édifier des fortunes colossales, aidés en cela par une législation à leur avantage adoptée par des politiciens corrompus.

En outre, le mouvement de concentration financière entamé dans les années 1870 s'accélère dans les années 1880-1890. Le nombre de holdings (sociétés financières détenant des parts dans d'autres firmes) explose et les entreprises qui s'agrandissent ont besoin de capitaux que seul le monde financier peut leur accorder. Le pouvoir des grands banquiers sur l'économie s'accroît donc. Bien conscients de cela, les hommes politiques, qu'ils soient démocrates ou républicains, s'inscrivent dans la défense et la perpétuation du système capitaliste – un système dominé par des oligarchies auxquelles ils appartiennent et qui sont en proie à la corruption. Mais, au cours de ses mandats, Theodore Roosevelt tente de modifier cet état de fait et devient le premier président à faire prévaloir l'intérêt public sur les intérêts privés.

Au crépuscule du XIXe siècle, toutefois, la croissance effrénée connaît un arrêt brutal. Au début de l'année 1893, de nombreuses banques font faillite et des milliers d'entreprises ferment, privant ainsi de revenus d'innombrables travailleurs. Des grèves, parfois violentes, éclatent partout dans le pays. Pour régler la situation, des réflexions sont menées quant au rôle que pourraient jouer les États-Unis dans le monde : la solution aux problèmes économiques des États-Unis pourrait venir de l'étranger.

UNE OUVERTURE VERS L'ÉTRANGER

Vers 1890, les États-Unis deviennent la première puissance économique, mais restent, dans les faits, très peu visibles sur la scène internationale. En effet, la doctrine Monroe, adoptée en 1823, limite leur action en Europe, tout en les préservant des intentions colonisatrices européennes. La politique étrangère américaine concerne donc essentiellement l'Amérique latine.

Cependant, à la fin du siècle, la production industrielle américaine est telle que la consommation intérieure ne parvient plus à l'absorber dans son intégralité. Il devient donc nécessaire de trouver de nouveaux débouchés, notamment dans les marchés étrangers. Aussi plusieurs réflexions voient-elles le jour afin de recadrer la politique étrangère par rapport à cette nouvelle réalité.

Cette solution semble bénéfique, puisque le fait de nouer des relations avec de potentiels adversaires permettrait de canaliser une partie de l'énergie contestatrice vers l'extérieur, tout en contribuant au développement d'un patriotisme guerrier. De plus, la Grande-Bretagne parvient difficilement à maintenir l'ordre mondial, notamment face à la montée en puissance de l'Empire allemand. L'idée d'un expansionnisme américain visant à neutraliser cet état de fait se dessine progressivement : la voie est dès lors ouverte à l'impérialisme. Aussi, lorsqu'éclate la guerre d'indépendance de Cuba, en 1898, le prétexte est tout trouvé pour intervenir à l'étranger.

La même année, le Congrès ratifie le traité d'annexion d'Hawaii et celui des Philippines un an plus tard. Ces événements sont à l'origine d'une opposition entre :

- les anti-impérialistes, comme l'écrivain américain Mark Twain (1835-1910), qui dénoncent l'incompatibilité de cette annexion avec deux des principes de la république :
  - les principes constitutionnels (le consentement des gouvernés),
  - et moraux (la primauté du droit sur la force) ;
- les expansionnistes, dont l'un des principaux représentants est Theodore Roosevelt.

Mais, suite aux révoltes sanglantes qui ont lieu aux Philippines, la première vague d'impérialisme s'arrête presque aussitôt. Il ne reste donc plus qu'une solution aux dirigeants américains : conquérir pacifiquement les marchés étrangers pour y répandre leurs biens et leurs investissements. C'est le début d'une nouvelle doctrine dite de la « porte ouverte » (1898-1900), par laquelle les Américains revendiquent le droit pour le ressortissant de n'importe quel pays de voyager et de commercer sans la moindre discrimination à l'intérieur des zones d'influence d'autres puissances.

Peu à peu, les États-Unis promeuvent un nouvel ordre mondial où toute idée de conquête ou de domination coloniale est exclue. Il ne s'agit pourtant que d'une façade car, derrière le caractère apparemment désintéressé des missions qu'ils se sont fixées, se justifient par avance les interventions qu'ils pourront mener.

UNE POPULATION EN COLÈRE

Dans la seconde moitié du XIXe siècle, la population américaine croît rapidement. De 1860 à 1900, elle passe de 30 à 75 millions d'habitants, en raison notamment de l'afflux massif d'immigrés issus majoritairement d'Europe centrale et du Sud.

Peu à peu, le fossé se creuse entre les nantis et les défavorisés. Les ouvriers travaillent dans des conditions pénibles et dangereuses. La révolte gronde, mais les grèves sont matées. On constate donc un mécontentement général, principalement concentré dans les villes. La loi et la répression violente ne suffisent plus à maintenir l'ordre.

Or, pour pouvoir se perpétuer, le système doit être perçu comme vital par les couches de la population les moins nanties. C'est alors qu'apparaît le mythe du rêve américain, véhiculé par l'école, la littérature populaire et même l'Église. Le message est clair : chacun peut espérer devenir riche à condition de travailler dur. En outre, des millionnaires fondent des universités, comme Leland Stanford (homme d'affaires et homme politique américain, 1824-1893), dont le principal objectif est de former les agents chargés du maintien du système (enseignants, avocats, etc.).

Pourtant, malgré les efforts réalisés par l'élite dirigeante, une grande partie de l'opinion publique partage les nombreuses critiques adressées au pouvoir en place et on assiste à l'émergence de mouvements d'envergure nationale.

L'immigration massive, qui s'intensifie dans les deux dernières décennies du XIXe siècle, n'arrange en rien la problématique puisqu'elle entraîne une concurrence économique entre les anciens et les nouveaux arrivants. La main-d'œuvre devient trop importante, ce qui permet au patron de maintenir les salaires bas. La crise de 1893 et la récession qui la suit ne font qu'aggraver la situation : le nombre de grèves explose et la violence se fait de plus en plus forte. On assiste dans certaines villes à de véritables insurrections d'ouvriers. Cette crise pousse les politiciens à prendre des mesures dans la mouvance du progressisme.

LE PROGRESSISME

Le terme « progressiste » provient d'un ensemble de mouvements visant principalement la mise en avant de nouveaux idéaux pour la société américaine et l'adoption d'une législation favorable au progrès de la société.

Ce courant est avant tout une réaction des pouvoirs publics face au mécontentement des classes laborieuses. Mais l'objectif – non avoué – est de contrecarrer la montée du socialisme, susceptible de rassembler tous les mécontents. Il s'agit donc de conforter le système capitaliste en l'amendant, et non pas d'instaurer des changements radicaux : les classes dirigeantes désirent avant tout apaiser le climat social. Le processus des réformes s'accélère d'ailleurs en 1907, année durant laquelle socialistes et syndicats renforcent considérablement leur influence.

C'est dans ce contexte extrêmement agité que Theodore Roosevelt entre à la Maison-Blanche.

LA DÉFENSE DES DROITS DES TRAVAILLEURS

Arrivé dans le Bureau ovale suite au décès de William McKinley, Theodore Roosevelt déclare ne pas vouloir changer la politique de son prédécesseur. Toutefois, animé par le désir de créer une société plus juste et égalitaire, il se montre prêt à défendre ses idées politiques.

Selon lui, la plupart des problèmes économiques et sociaux que connaissent les États-Unis au début du XXe siècle nécessitent davantage de centralisation et d'intervention de la part du gouvernement fédéral. Déjà durant son mandat de gouverneur de l'État de New York, il avait pris des mesures en vue de soulager les classes laborieuses. Favorable à une régulation accrue des entreprises, il s'était attaqué aux pénibles conditions de travail et avait notamment obtenu :

- une diminution du temps de travail pour les femmes et les enfants ;
- des semaines de 38 heures pour les employés de son État.

En devenant président des États-Unis, Theodore Roosevelt n'abandonne pas cette bataille et n'aura de cesse de tenter d'imposer un contrôle fédéral sur les entreprises privées afin de limiter les abus qu'elles commettent au détriment des citoyens américains.

De même, il n'hésite pas à intervenir dans certains conflits entre employeurs et ouvriers, comme ce fut le cas pour la première fois en 1902. En effet, à la fin de l'année, plusieurs mines de charbon sont à l'arrêt à cause de grève. Redoutant une pénurie pour l'hiver, Theodore

Roosevelt menace d'envoyer l'armée mater la révolte. Face à cette pression, les chefs des mines acceptent la mise en place d'un comité indépendant de négociation que le président fait pencher en faveur des mineurs.

LA RÉGULATION DES TRUSTS

Le pouvoir du milieu des affaires est tel à cette époque que la plupart des Américains craignent d'être forcés de se soumettre aux décisions des financiers industriels. Conscient du problème, mais sachant également l'importance que revêtent les trusts (entreprises puissantes qui disposent souvent d'un monopole et peuvent ainsi influer sur l'économie) dans l'économie du XXe siècle, Theodore Roosevelt cherche à les réguler plutôt qu'à les dissoudre.

Par conséquent, il rejette l'héritage de Thomas Jefferson qui prônait une intervention gouvernementale limitée, idée pourtant partagée par la plupart de ses prédécesseurs. Pour atteindre son objectif, Roosevelt souhaite créer une administration gouvernementale composée d'experts se consacrant entièrement à la régulation de toutes les corporations dans le commerce entre les différents États américains. C'est ainsi qu'est créé le bureau des corporations, qui a pour mission de surveiller les salaires dans les sociétés anonymes. En outre, cette nouvelle agence fédérale permet au président de forger l'opinion publique et de recommander au Congrès des projets de loi de régulation.

Avec le soutien de la Cour suprême, il entame des poursuites judiciaires contre un holding de chemins de fer où l'on trouve les plus grands noms de la finance de l'époque, et ordonne même sa dissolution. Il cherche ainsi à montrer son indépendance vis-à-vis du monde des affaires et espère que la menace de dissolution encouragera les dirigeants du monde des affaires à accepter ses mesures de régulation. Il s'attaque ensuite à d'autres entreprises et, en à peine deux ans, 42 poursuites sont introduites, conférant à Roosevelt une réputation de *Trustbuster*, c'est-à-dire de « briseur de trusts ».

LA RÉGULATION DES CHEMINS DE FER

Le deuxième cheval de bataille du président est la régulation des entreprises de chemins de fer engagées dans le commerce interétatique, dont beaucoup s'adonnent à des pratiques abusives. Ayant appris que certaines sociétés utilisaient des voitures privées de fret pour transporter des expéditeurs privilégiés, Theodore Roosevelt demande que soient imposés des tarifs fixes, quel que soit l'expéditeur, pour interdire toute discrimination contre les petits transporteurs.

Mais, si la régulation est souhaitée par la plupart des citoyens, on redoute, à une époque où l'inflation est galopante, qu'une telle décision implique une hausse générale du coût de la vie consécutive à la hausse des tarifs dans les chemins de fer. Malgré cette crainte populaire et après plusieurs années de lutte, le président parvient à faire adopter la loi Hepburn en 1906. Grâce à cette législation, le gouvernement fédéral peut désormais fixer les tarifs et enquêter sur les livres de comptes d'entreprises privées dans le commerce entre les États.

LES LOIS SANITAIRES ET LA PROTECTION DE LA NATURE

Durant son mandat, Theodore Roosevelt choisit également de s'attaquer à la santé publique, très peu régulée jusqu'alors. Informé des conditions d'hygiène désastreuses des abattoirs du pays, il est à l'origine de la première loi d'inspection de la viande, le *Meat Inspection Act* voté en 1906, qui garantit un contrôle de l'industrie alimentaire. La pureté des produits alimentaires et pharmaceutiques est également garantie par le *Pure Food and Drug Act*, voté la même année.

Grand défenseur de la nature, Theodore Roosevelt travaille également sur des lois visant à la protéger. Il lutte ainsi pour un usage plus rationnel des ressources naturelles et prend d'importantes mesures pour la conservation des forêts et des sites naturels. Parmi ses mesures, il déclare ainsi monument national toute une série de lieux, parmi lesquels le Grand Canyon.

UNE PLACE GRANDISSANTE SUR LA SCÈNE INTERNATIONALE

En matière de politique extérieure, Theodore Roosevelt cherche à donner à son pays davantage de visibilité sur la scène internationale. Il cherche à atteindre deux objectifs :

* conforter l'hégémonie américaine sur tout le continent américain ;
* rendre son pays incontournable dans l'Atlantique et le Pacifique.

Le président promeut la stabilité mondiale à travers ce que l'on appelle un « équilibre des puissances ». C'est ainsi que naît l'idéologie de l'impérialisme bienveillant américain qui, tout en défendant les intérêts des États-Unis, encourage la paix et la stabilité dans le monde. Il n'exclut toutefois pas le recours à la force militaire pour favoriser les intérêts de son pays qui lui semblent légitimes, et conserve par ailleurs une attitude hégémonique vis-à-vis de l'Amérique latine.

Cette diplomatie ambitieuse s'appuie sur :

* la stratégie du « grand bâton » (*Big Stick*), incarnée par la marine américaine qui constitue avant tout une force de dissuasion garantissant la paix. À cela s'ajoute la préparation militaire permanente (*preparedness*), qui oblige les forces armées à être en état de guerre permanent ;

- une diplomatie active sur tous les continents grâce aux arbitrages présidentiels dans plusieurs conflits.

Les États-Unis se dotent donc d'une puissante force maritime, ce à quoi Theodore Roosevelt a travaillé tout au long de sa carrière. Déjà lorsqu'il était secrétaire adjoint dans la marine, il a considérablement amélioré l'efficacité du département et a contribué à transformer la *Navy* en une force non plus défensive, mais offensive, capable d'effectuer des missions à des centaines de kilomètres de ses ports d'attache. Durant sa présidence, Roosevelt continue l'effort, tentant d'améliorer la tactique navale grâce à la technologie et à une meilleure administration. Par ailleurs, désireux de mettre en place un pouvoir fort à la tête de la *Navy*, il en attribue le contrôle non plus au Congrès, mais au président lui-même.

Par ailleurs, il est convaincu que l'Atlantique et le Pacifique doivent être reliés par un canal qui serait contrôlé uniquement par des Américains. Cela leur garantirait non seulement des gains commerciaux, mais également une meilleure répartition de leur flotte. Pour y parvenir, il s'implique dans un conflit qui a lieu en Amérique latine, en encourageant la révolution séditieuse de l'État du Panamá contre la Colombie. Une fois l'indépendance du Panamá obtenue, Roosevelt peut enfin concrétiser son projet en ratifiant le 18 novembre 1903 un traité avec le nouvel État, garantissant à perpétuité aux États-Unis l'usage, le contrôle et l'occupation du Panamá, sous prétexte de veiller à maintenir son indépendance.

LE PRIX NOBEL DE LA PAIX

Theodore Roosevelt défend la création et le renforcement des institutions internationales pour garantir la stabilité mondiale. En outre, il est persuadé que la puissance nouvellement acquise donne aux

États-Unis le devoir de promouvoir la paix, même si les intérêts américains ne sont pas directement en jeu. Sa présidence est ainsi à la base de nombreux traités d'arbitrage, notamment lors de la guerre russo-japonaise (1904-1905), durant laquelle le président intervient en tant que médiateur pour mettre fin au conflit et ainsi préserver l'équilibre des puissances, ce qui lui vaudra le prix Nobel de la paix en 1906.

Considérant le Japon comme faisant partie des nations « supérieures », il accepte de reconnaître la souveraineté du pays sur la Corée, en échange du silence sur d'éventuelles opérations agressives américaines menées aux Philippines, sujettes à des troubles fréquents. Enfin, en 1907, un traité est signé avec le Japon pour faire reconnaître la suprématie de ce dernier sur la Mandchourie (Chine du Nord-Est) en échange de la réaffirmation du statu quo dans le Pacifique et de la « porte ouverte » en Chine.

LA GUERRE RUSSO-JAPONAISE

Depuis la restauration de l'empereur en 1867, le Japon veut rivaliser avec les puissances occidentales. Pour ce faire, il se lance dans une industrialisation intensive et la formation d'une armée moderne en vue de s'étendre sur le continent asiatique. Après une série de succès, l'expansion nippone est arrêtée par plusieurs pays occidentaux, dont la Russie qui a des prétentions sur les mêmes territoires que le Japon (la Corée, la Manchourie et le Nord-Est de la Chine).
Désireux de se venger, le Japon attaque par surprise la flotte russe le 9 février 1904. Le 27 mai 1905, lors de la bataille navale de Tsushima, la flotte russe de la mer Baltique est entièrement détruite. La Russie est non seulement vaincue mais également humiliée.
Se méfiant des prétentions japonaises dans le Pacifique, qui pourraient bientôt menacer les intérêts américains, Theodore Roosevelt offre la médiation des États-Unis. Grâce à sa clairvoyance, il parvient à mettre fin au conflit russo-japonais, tout en satisfaisant les deux nations : la Russie ne paiera pas d'indemnités, mais devra céder des territoires aux Japon et renoncer à toute prétention sur la Mandchourie orientale et la Corée.

LA CAMPAGNE PRÉSIDENTIELLE DE 1912

En 1910, le Parti républicain se scinde en deux groupes : les conservateurs, sur lesquels s'aligne le successeur de Theodore Roosevelt, William Howard Taft, et les progressistes. Voyant son héritage politique menacé, Theodore Roosevelt décide de revenir sur la scène politique trois ans après avoir quitté la vie publique. En outre, de nombreuses voix s'élèvent au sein des rangs progressistes du parti pour qu'il soit leur candidat pour les prochaines élections. Après quelques hésitations, il accepte de se lancer dans une nouvelle campagne, mais ne parvient pas à obtenir l'investiture du Parti républicain, ce dernier étant aux mains des conservateurs.

Il décide alors de créer un nouveau parti, le Parti progressiste, et d'en être candidat. Suivant les grandes idées de Theodore Roosevelt, le parti défend :

- la supervision permanente des sociétés dans le commerce interétatique ;
- la création d'une assurance médicale, de chômage et de vieillesse ;
- le droit de vote pour les femmes.

Même s'il n'est pas réélu, Theodore Roosevelt obtient plus d'un quart des voix, un score jamais atteint par un parti tiers. Obtenant la deuxième place, il devance le candidat républicain, William Howard Taft, mais doit laisser la place au démocrate Thomas Woodrow Wilson (1856-1924).

RÉPERCUSSIONS

UNE AMÉLIORATION DE LA QUALITÉ DE VIE

La détermination dont a fait preuve Theodore Roosevelt tout au long de sa carrière a permis d'imposer une intervention fédérale dans plusieurs domaines importants pour la population : l'hygiène publique, le droit du travail, la régulation des trusts, etc. Les conditions de vie s'améliorent donc considérablement sous sa présidence. Preuve en est, la moyenne d'âge, qui était de 49 ans en 1901, passe à 56 ans en 1920.

Il est également reconnu comme l'un des précurseurs de l'écologie moderne grâce à son intervention pour protéger les forêts. Par ses différentes actions, il parvient à multiplier par cinq la superficie des réserves fédérales.

UN RENFORCEMENT DE LA FONCTION PRÉSIDENTIELLE

Conscient du pouvoir de la presse, il transforme les journalistes en de véritables auxiliaires du pouvoir exécutif. Permettant aux médias de livrer des articles croustillants sur ses dernières déclarations, il accapare l'actualité en s'assurant la une des journaux. Il jette également les bases de la conférence de presse présidentielle que son successeur ne fera qu'institutionnaliser. Grâce à ce renforcement de l'exécutif et du pouvoir fédéral, le président peut maintenant lutter plus efficacement contre les excès du libéralisme.

UNE POLITIQUE INTÉRIEURE PROGRESSISTE ?

Si son bilan est généralement jugé positif, son action contre les trusts est quant à elle sujette à discussion. Roosevelt a en effet rapidement été taxé de « tueur de trusts » alors que son objectif principal n'est pas de les dissoudre mais plutôt de les réguler.

Se prétendant progressiste, Roosevelt est en réalité bien plus conservateur qu'on ne l'imagine. La plupart de ses conseillers sont presque tous issus du monde industriel et financier et les mesures gouvernementales qu'il fait adopter n'affaiblissent pas les gros intérêts mais les renforcent. Les plus petits entrepreneurs sont en effet incapables de respecter les nouveaux standards beaucoup plus exigeants. Enfin, les sanctions pénales prévues par cette législation ne sont, dans les faits, pas appliquées.

Toutefois, en renforçant l'exécutif et en imposant de nombreuses réglementations gouvernementales, il rappelle à tous que le pouvoir réside à Washington et non à Wall Street. Il contribue donc au rééquilibre entre la puissance publique et les intérêts privés.

Grâce à ses actions pour les classes moyennes, il parvient aussi à canaliser le mécontentement populaire et à rendre plus efficace la gestion gouvernementale sans porter un grave préjudice à l'économie privée. Les États-Unis renouent ainsi avec la croissance effrénée et la prospérité.

UNE AFFIRMATION DES ÉTATS-UNIS SUR LA SCÈNE MONDIALE

Theodore Roosevelt a également contribué à donner à son pays davantage de visibilité à l'échelle internationale. Pour y parvenir, il a principalement eu recours au développement de la marine, grâce à sa stratégie du *Big Stick*. Ainsi, la *Navy* a vu sa taille et ses capacités augmenter chaque année durant sa présidence.

Désireux de confier à son pays un rôle plus actif dans les affaires mondiales, il participe à la théorisation et à l'affirmation de l'impérialisme bienveillant des États-Unis, qui n'hésitent pas à défendre et à imposer leurs intérêts tout en promouvant une idéologie de paix et de stabilité mondiale. Il donne également à son pays l'image d'une puissance médiatrice, comme cela aura été le cas lors du conflit russo-japonais.

EN RÉSUMÉ

27 oct. 1858	Naissance de Theodore Roosevelt
1882	Premiers pas sur la scène politique
2 sept. 1901	Doctrine du *Big Stick*
14 sept. 1901	Investiture en tant que 26e président des États-Unis
18 nov. 1903	Acquisition des droits d'exploitation du futur canal de Panamá
4 mars 1905	Seconde investiture
10 déc. 1906	Prix Nobel de la paix
1908	Le Grand Canyon devient monument national
4 mars 1909	Investiture de William Howard Taft
6 janvier 1919	Décès

- Issu d'une famille aisée, sa santé fragile ne destine pas le jeune Theodore Roosevelt à un destin extraordinaire. Débordant d'énergie, plein d'entrain et volubile, il finira pourtant par surmonter ses problèmes de santé et à accéder aux plus hautes fonctions.
- Entré très jeune en politique, il est élu à plusieurs reprises au parlement de l'État de New York où il acquiert rapidement une réputation d'ennemi de la corruption et s'impose comme leader des jeunes réformateurs du Parti républicain.

- Effondré par la perte de sa première épouse morte en couches, il part vivre en cow-boy dans les plaines du Dakota, partageant son temps entre la chasse et l'écriture. Cette expérience lui apprend l'importance de la nature et de sa préservation.

- Lors de la guerre d'indépendance de Cuba en 1898, il s'engage comme combattant volontaire et revient auréolé de gloire.

- Nommé en 1901 au poste de vice-président de William McKinley, il lui succède la même année suite à son assassinat et devient, à 42 ans, le plus jeune président des États-Unis d'Amérique. Il est élu en novembre 1904 pour un second mandat.

- Grand défenseur de la nature, Theodore Roosevelt travaille également sur des lois visant à la protéger. Il prend ainsi d'importantes mesures pour la conservation des forêts et des sites naturels.

- Usant d'une administration fédérale renforcée, il lutte contre les excès du libéralisme. Il prend des mesures pour une régulation accrue des trusts, en faveur des classes laborieuses, mais également des consommateurs américains.

- Sur le plan international, Theodore Roosevelt renforce la position des États-Unis, les rendant incontournables grâce à une diplomatie essentiellement basée sur la démonstration de la nouvelle puissance navale américaine.

- Après son départ de la Maison-Blanche, il continue d'occuper une place centrale sur la scène politique américaine, luttant avec acharnement pour défendre ses idées.

- Pour son héroïsme en tant que soldat, ses combats en faveur des travailleurs et de la protection de l'environnement, il est aujourd'hui considéré comme l'un des plus importants résidents de la Maison-Blanche.

POUR ALLER PLUS LOIN

SOURCES BIBLIOGRAPHIQUES

- ARNOLD (Peri), *Remaking the Presidency*, Lawrence, University Press of Kansas, 2009.
- CARNES (Mark) et GARRATY (John), *American National Biography*, Oxford, Oxford University Press, 1999.
- CASHMAN (Sean Dennis), *America ascendant. From Theodore Roosevelt to FDR in the Century of American Power, 1901-1945*, New York, New York University Press, 1998.
- COOPER (John Milton), *Pivotal Decades : the United States, 1900-1920*, Londres, W. W. Norton, 1990.
- MOORIS (Edmund), *The Rise of Theodore Roosevelt*, New York, Coward, McCann & Geoghegan, 1979.
- MOORIS (Edmund), *Theodore Rex*, New York, Random House, 2001.
- MOORIS (Edmund), *Colonel Roosevelt*, New York, Random House, 2011.
- RICARD (Serge), *Theodore Roosevelt. Principes et pratique d'une politique étrangère*, Marseille, Université de Provence, 1991.
- RICARD (Serge), *A Companion to Theodore Roosevelt*, Malden, Blackwell Publishing, 2011.
- WATTS (Sarah), *Rough Rider in the White House : Theodore Roosevelt and the Politics of Desire*, Chicago, University of Chicago Press, 2006.

SOURCES COMPLÉMENTAIRES

- DELAHAYE (Claire) et RICARD (Serge), *L'héritage de Théodore Roosevelt : impérialisme et progressisme*, Paris, L'Harmattan, 2012.

- Diner (Steven), *A Very Different Age : Americans of the Progressive Era*, New York, Hill and Wang, 1998.
- Edwards (Rebecca), *New Spirits : Americans in the Gilded Age, 1865-1905*, Oxford, Oxford University Press, 2006.
- Jones (Gregg), *Honor in the Dust. Theodore Roosevelt, War in the Philippines, and the Rise and Fall of America's Imperial Dream*, New York, New American Library, 2013.
- Melandri (Pierre), *Histoire des États-Unis contemporains*, Paris, André Versaille, 2008.
- Melandri (Pierre) et Ricard (Serge), *La montée en puissance des États-Unis de la guerre hispano-américaine à la guerre de Corée (1998-1953)*, Paris, L'Harmattan, 2004.
- Zinn (Howard), *Une histoire populaire des États-Unis de 1492 à nos jours*, Chicago, Agone, 2006.

SÉRIE ET DOCUMENTAIRES

- *The Indomitable Theodore Roosevelt*, documentaire d'Harrison Engle, États-Unis, 1986.
- *Rough Riders*, série télévisée de John Milius, États-Unis, 1997.
- *Theodore Roosevelt : an American Lion*, documentaire de David de Vries, États-Unis, 2003.

SOYEZ LÀ
OÙ ON NE VOUS ATTEND PAS !

www.50minutes.com

www.50minutes.com

Éditeur responsable : Lemaitre Publishing
Rue Lemaitre 6 | BE-5000 Namur
info@lemaitre-editions.com

ISBN ebook : 978-2-8062-5438-2
ISBN papier : 978-2-8062-5617-1
Dépôt légal : D/2014/12603/51
Photo de couverture : © Department of Defense

Conception numérique : Primento,
le partenaire numérique des éditeurs